GUÍA DE LECTURA

Escrita por Vincent Guillaume
Traducida por Clara Raposo Romero

El castillo

de Franz Kafka

FRANZ KAFKA

NOVELISTA DE LA LENGUA ALEMANA

- **Nacido en 1883 en Praga (República Checa)**
- **Fallecido en 1924 en Viena (Austria)**
- **Sus obras más importantes son:**
  - *La Metamorfosis* (1915), novela corta
  - *El Proceso* (1925), novela
  - *El Castillo* (1926), novela

Sin lugar a dudas, Franz Kafka, uno de los escritores más importantes del siglo XX, es un autor controvertido: su obra ha dado lugar a numerosos comentarios e interpretaciones. Sus textos reflejan sobre todo la alienación del hombre moderno, las fuerzas sociales y misteriosas, aunque implacables, que dirigen su existencia, así como su vana búsqueda de respuestas en un mundo incomprensible.

Judío de lengua alemana, vivió en Praga y tuvo que contentarse con escribir generalmente por las noches, ya que tenía que cumplir con su trabajo en el despacho por la mañana. Sus obras, aunque fueron desconocidas cuando Kafka vivía, han ido adquiriendo una enorme popularidad tras su muerte en 1924. Entre ellas, las más importantes sin duda son *La metamorfosis* (1915) y *El proceso* (1925).

EL CASTILLO

EL RELATO DE UNA BÚSQUEDA DE SENTIDO DESESPERANZADA, PERO TENAZ

- **Género:** novela
- **Edición de referencia:** Kafka, Frank. 1999. *El castillo.* Traducido por Miguel Sáenz. Barcelona: Galaxia Gutenberg, colección *Obras completas*
- **Primera edición:** 1926
- **Temas:** búsqueda de sentido, ambigüedad, incertidumbre, rechazo, lucha, itinerancia

Kafka escribió *El castillo*, su tercera y última obra, de enero a septiembre de 1922 y la publicó en 1926. La obra se interrumpe bruscamente en el último capítulo, quedando inacabada. Cuenta la historia de un agrimensor llamado K. que llega a un pueblo en el que quiere instalarse. K. se encuentra en una comarca perdida y nevada, en conflicto con las autoridades de un castillo inaccesible.

El castillo puede ser leído como una metáfora de la vida humana, una búsqueda de sentido desesperanzada pero tenaz. La ambigüedad de la obra es un reflejo de la propia ambigüedad del mundo, por lo que queda excluida toda interpretación simplista de la obra.

RESUMEN

CAPÍTULOS 1-2

K., que acaba de llegar al pueblo, se presenta en un albergue diciendo que es agrimensor y que lo ha contratado el señor del castillo (el conde West-west). Los presentes desconfían de él. Al día siguiente, se dirige al castillo cruzando el pueblo nevado, pero el camino interminable comienza a acabar con sus fuerzas, ya que el castillo parece cada vez más lejos.

Un aldeano le guía hasta el albergue donde K. se encuentra con Arthur y Jeremias, sus ayudantes. Un mensajero le entrega una carta con instrucciones que le envía Klamm, su superior. K. estudia la carta al detalle. Hace parte del trayecto con el mensajero, llamado Barnabas, pero comprueba con decepción que este no vuelve al castillo. Buscando un pretexto para marcharse, acompaña a Olga, la hermana de Barnabas, que quiere ir a un albergue cercano.

CAPÍTULO 3

En este nuevo albergue (el de los Señores), reservado para los miembros del castillo, K. pregunta a Frieda, la camarera, si conoce a Klamm. Le indica una mirilla por donde observa a un hombre corpulento sentado en una mesa. Ella se presenta como la amante de Klamm. Hablan un rato. Frieda echa a los clientes y, después de que el posadero se haya ido, ve que K. está en el mostrador y hacen el amor.

CAPÍTULOS 4-7

K. ha vuelto al primer albergue (el albergue del Puente) con Frieda y sus ayudantes. Allí recibe la visita de Gardena, la jefa, que quiere asegurarse de que tratarán bien a Frieda. La conversación se anima y, finalmente, K., irritado, acude al consejo municipal. El alcalde le comunica que es verdad que lo llamaron, pero que probablemente ha sido un error: el castillo no necesita agrimensores. A K. le hacen gracia sus largas explicaciones sobre las investigaciones, los controles y los intercambios entre departamentos que manipulan a las personas. En el pueblo se siente rechazado pero el alcalde lo tranquiliza: mientras su situación no se aclare, su estatus quedará protegido.

Una vez en el albergue, K. tiene una nueva conversación con Gardena que le enseña la foto del mensajero con el que Klamm le convocó la primera vez. K. observa hasta qué punto Klamm influye en su vida. En su habitación encuentra al maestro que le propone, de parte del alcalde, un trabajo en el colegio. K. lo rechaza en un principio, pero acaba aceptándolo porque Gardena ha despedido a Frieda y esta le suplica que no lo rechace.

CAPÍTULOS 8-9

Vuelve al albergue de los Señores, intenta entrar en la habitación de Klamm pero lo interrumpe Pepi, la sustituta de Frieda. Cuando se entera de que Klamm va a salir del albergue, corre al patio. Espera durante mucho tiempo en el frío, cerca de un trineo. Un señor le sorprende y le dice que le siga, ya que aquel al que espera no vendrá. K. queda abatido por la noticia, pero no quiere moverse. El señor ordena al cochero que desate los caballos y después se va, lentamente, como dándole una última oportunidad.

K. vuelve a la cafetería del albergue donde le esperan Gardena, Pepi y un señor llamado Momus que es el secretario de Klamm. Si responde a las preguntas de Momus, K. podrá tener una interacción administrativa con Klamm pero de ninguna manera tendrán una cita (inconcebible, de todos modos). Klamm le parece inalcanzable y K., como ya no espera nada de este hombre, acaba yéndose para sorpresa de todos.

CAPÍTULOS 10-14

En el camino de vuelta, K. se encuentra con Bernabas que le entrega un mensaje de Klamm. K. lo lee y declara que hay un error, ya que en la carta Klamm lo anima a seguir esperando. Llega al colegio para pasar la noche y K. tiene que forzar la puerta del leñero para hacer un fuego por el frío. Habla con Frieda de los ayudantes que despediría encantado. Al día siguiente, la maestra los acosa y el maestro, enfadado, pregunta quién ha forzado la puerta del leñero. Cuando descubre que fue K., lo despide inmediatamente. Sin embargo, K. se niega a irse hasta que no sea el alcalde el que lo despida.

Nada más irse la maestra, K. despide a sus ayudantes por haberlo acusado. Se queda solo con Frieda. El pequeño Hans Brunswick, un estudiante, los encuentra, les ofrece su ayuda y discute largo y tendido con ellos. A K. le interesa tener una relación con la familia de Hans y, por ello, se propone ayudar a su madre, que está enferma. Poco después, Frieda le dice que ha notado en la manera en que ha hablado con Hans aquello que le advirtió Gardena: que K. la ha seducido sólo para llegar hasta Klamm. K. la tranquiliza y se justifica. Más tarde, va a informarse a casa de Barnabas: este no ha vuelto, pero aún así, su hermana Amalia le invita a quedarse.

CAPÍTULO 15

Olga le cuenta en privado la historia de la familia de Barnabas y cómo este debe esperar horas, incluso días, en un despacho antes de que noten su presencia y le entreguen una carta. Pero no tiene elección. Tres años antes, Amalia rechazó el flirteo de Sortini, un empleado del castillo, e insultó al mensajero. La familia cayó entonces en la ignominia, perdió a sus clientes y a sus amigos. Y no era para castigarlos. La gente se alejaba de ellos para no verse implicados. El padre de Barnabas suplicó perdón al castillo, pero sólo obtuvo incomprensión puesto que, en realidad, no se había llevado a cabo ningún procedimiento contra ellos.

Olga tomó el relevo frecuentando a los sirvientes para encontrar al mensajero de Sortini. Tras escucharles hablar sin que se dieran cuenta sobre las tareas del mensajero del castillo (que consiste simplemente en ir al castillo y estar atento a las oportunidades), Olga se lo comentó a Bernabas, que probó suerte. K. se entera de que las dos cartas que le entregaron son las únicas tareas que han encomendado a Bernabas hasta el momento. Se marcha después de que Amalia echara a uno de los ayudantes, que estaba buscando a K. de parte de Frieda.

CAPÍTULO 16

K. distingue a su ayudante Jeremias en la calle. Artur ha ido al castillo para denunciar a K porque este no supo apreciar las tonterías que tuvieron que hacer para distraerle. Ante estos reproches, K. replica que no había pedido que lo hicieran. Descubre además que Jeremias y Frieda han sido contratados en el albergue de los Señores. Frieda lo ha dejado porque se ha ido a casa de Barnabas. Este llega justo en ese momento y cuenta que Erlanger, uno de los secretarios más importantes de Klamm, pide ver a K. cuanto antes.

CAPÍTULOS 17-19

Conducen a K. por un estrecho pasillo con numerosas puertas que daban a unos cuartitos destinados a los secretarios. Erlanger parece que está durmiendo. K. ve a Frieda y va a hablarle. Pero Jeremias la llama y Frieda, que parecía estar contenta de volver a verle, se da prisa en ir a cuidarle (el ex asistente está muy resfriado). Frieda le prohíbe a K. que se vuelvan a ver.

Una vez solo, K. se da cuenta de que está agotado. Busca la puerta de Erlanger, abre una cualquiera y encuentra a Bürgel, un secretario charlatán le habla de los sonidos nocturnos y de la inconcebible posibilidad de encontrar por casualidad a un secretario que tenga responsabilidad en el asunto, ya sería de gran ayuda. K. para reconciliar el sueño. En lugar de escucharlo con atención, K. se queda dormido y pierde así una oportunidad. Erlanger lo llama desde la habitación de al lado. Le ordena a K. que disponga la vuelta de Frieda como camarera para evitar que Klamm se altere por el cambio. Acto seguido se marcha.

La jornada comienza para los secretarios: K. sigue a dos sirvientes que distribuyen carpetas. Las puertas del pasillo están en continuo movimiento y los secretarios dan muchos problemas. El jefe y la jefa llegan y se alejan de K. en el escándalo general: él era un elemento extraño, perturbador, que debía marcharse de inmediato si quería salvar a las secretarias. K se justifica diciendo que se debe al cansancio.

CAPÍTULO 20

K. se despierta y escucha los reproches de Pepi: todos los esfuerzos y las esperanzas de Pepi para trabajar como camarera han resultado en vano debido a la ingenuidad y a las intrigas de Frieda. No obstante, la comprende porque, en su opinión, todos han sido traicionados. La invita a vivir en su casa con sus dos compañeros para protegerla.

ESTUDIO DE LOS PERSONAJES

K., EL AGRIMENSOR

K. es un treintañero desaliñado que sólo posee una «minúscula mochila» (Kafka 1999, cap. 1) y un bastón y asegura que ha viajado durante mucho tiempo. Se ha sacrificado y ha dejado atrás a su mujer y a su hijo. Si ha ido al pueblo es con la condición de quedarse contra viento y marea. K. es un hombre tenaz que está dispuesto a cualquier cosa para alcanzar sus objetivos:

- trata con dureza a los ayudantes porque sabe que le ralentizan y le hacen perder los papeles;
- se expone al agotamiento y a la humillación (no soporta dar su brazo a torcer, como cuando trabaja como conserje, pero sabe aceptarlo);
- empieza una relación con Frieda probablemente porque se cree un poco superior. La considera respetable al descubrir que era la amante de Klamm, pero cuando le grita que está con el agrimensor, cambia de opinión: «¿Qué podía aguardar ahora de Frieda, puesto que todo se había descubierto?» (Kafka 1999, cap. 3). Sin embargo, sigue resultándole valiosa, quizá porque una vez que Klamm llama a alguien, nunca se pierde este rango (o eso dice Gardena en el capítulo 6). Se encuentra con Frieda y se aferra a ella como para recuperar su "propiedad".

El problema es que K. no piensa como la gente del pueblo o del castillo. A veces se desconcierta o se equivoca, y parece que lo único que hace es fracasar en cualquier cosa que emprende. Sin embargo, reconoce sus puntos débiles porque puede sacar nuevas conclusiones y no parecer desestabilizado. De este modo, K. parece a la vez franco, muy manipulador y muy ingenuo (una combinación que espanta a Gardena).

Pero también podemos dudar de la sinceridad de K. (por ejemplo, ¿de verdad estaba casado en lugar donde vivía, si no duda ni un instante en casarse con Frida nada más llegar al pueblo?). A lo mejor no está siendo completamente honesto consigo mismo porque necesita también convencerse de la exactitud de sus pensamientos, así como reconocer sus errores para evolucionar.

El nombre que elige el autor para designar a este personaje es revelador. Al nombrarlo sólo con una inicial, hace peligrar su identidad cuando lo que necesita es encontrar un lugar en el pueblo y que lo acepten.

FRIEDA

Esta pequeña mujer es rubia, delgada y, aunque no brilla por su belleza, tiene una «una mirada de especial superioridad» (Kafka 1999, cap. 3). Gardena y Pepi dicen que es una mujer ambiciosa. Aunque al principio parece fría y distante, su orgullo y arrogancia se explican por su relación con Klamm. Sin embargo, cuando está con K., es una compañera extremadamente atenta y cariñosa, le apoya y lo reconforta lo mejor que puede. Afirma que su mayor felicidad sería pode quedarse con él para siempre.

Fue la protegida de Gardena de la que esta última se siente

muy orgullosa (Frieda trabajaba con ella ante de ir al más prestigioso de todos los albergues, el de los Señores). Frieda siempre es fiel a K. incluso cuando lo despide. Sin embargo, no sabemos por qué Frieda deja a Klamm (y su trabajo) por K., ni por qué lo dejó todo después por Jeremias:

- según Pepi, es calculadora y quiere provocar un escándalo saliendo con K. y dejándolo después en el momento adecuado, para que la gente recuerde lo que significa ser la amante de Klamm;
- según K., se fue porque no le prestaba suficiente atención y no lo habría podido hacer de otra manera;
- según la propia Frieda, lo dejó porque frecuentaba a los Barnabas;
- asimismo, sentía que K. la utilizaba.

Pepi describe a Frieda como una mujer reservada que no quiere mostrar su sufrimiento en los momentos difíciles – quizá porque no es capaz de reconocérselo a sí misma.

KLAMM

Klamm es el misterioso jefe de K. Este lo busca desesperadamente pero siempre consigue escapar de él. De hecho, Gardena dice que si Klamm no quiere ver a una persona, no la verá nunca. No habla con nadie del pueblo.

Como los otros empleados del castillo, Klamm hace que le traigan mujeres que serán sus amantes, pero estas quedarán marcadas de por vida. Es el caso de Gardena, que lo recuerda como si fuera el momento más feliz de su vida, al que siguió una gran desesperación por haber sido llamada sólo tres veces. Los rumores dicen de él que es muy sensible con la gente que se niega a ver, soñador e increíblemente grosero. Pero, como dice Olga (Kafka 1999, cap. 15), ¿quién puede saber lo que piensa?

LOS AYUDANTES

Artur y Jeremias son dos personajes alegres y vivarachos, poco hábiles e incluso incompetentes (no saben nada de agrimensura). Se parecen tanto (a ojos de K., pero no según los aldeanos) que K. decide considerarlos como una única entidad. Se les asigna al supuesto agrimensor para ayudarlo en su trabajo pero resulta que su misión, que les confió Klamm por medio de su representante, tenía como cometido entretener e impedir que se tomaran las cosas demasiado en serio (él sobre todo).

Después de que K. los despida, cada uno recupera su identidad: Artur es más sensible y Jeremias – que parece más viejo y cansado que antes, en su opinión porque está solo – no tiene miedo desde que ya no trabaja. Según Frieda (su amiga de la infancia), es la única razón por la que se atrevió a robársela a K. Este reconocerá que infravaloró a sus ayudantes, sobre todo porque Frieda le había dicho que la miraban con deseo.

BARNABAS

Se trata de un joven que pertenece a una familia que todo el mundo rechaza (aunque en otro tiempo muy apreciada). Su hermana Olga lo describe como la persona más inocente del mundo. El oprobio (desaprobación pública que se dirige a acciones juzgadas condenables) no le concierne tanto pero su nombre se utiliza para designar a la familia.

Aunque es aprendiz de zapatero, tiene que consagrar mucho tiempo a su actividad de mensajero, por el honor que le confiere esta posición. Garantiza la relación entre K. y el castillo, pero de una manera no oficial:

- no ha recibido todavía su uniforme;
- ignora si ha sido aceptado de verdad y si lo ha sido, donde se encuentra él con respecto a la jerarquía;
- no sabe si Klamm es el que recibe las cartas;
- ignora si Klamm trabaja en el castillo o en la oficina.

Su sensibilidad le hace padecer insomnio y siempre se retrasa en el trabajo cuando sabe que a K. no le gusta, pero como siempre quiere dar una buena apariencia, no se permite exteriorizar su sufrimiento.

En apariencia es discreto, inteligente e irreprochable, y K. conecta con él inmediatamente. Pero desde que se da cuenta de que Barnabas no comprende sus deseos y que lo ha llevado a su casa en lugar de al castillo, lo ve como un sirviente poco respetable que lo pone incluso en riesgo: siente que se ha desorientado al llegar a esta casa.

AMALIA

Distante y dominante en apariencia, silenciosa la mayoría de las veces, Amalia es, según Olga, la que dirige la familia Barnabas, a pesar de ser la benjamina (de hecho, se ocupa de los padres enfermos en cama). Sin embargo, es la causa principal de su caída: indignada por el tono que emplea Sortini en su carta, su enfado no amaina y no sucumbe a sus deseos, puesto que Amalia no tiene miedo ni de sí misma ni de los demás, según dice Olga.

CLAVES DE LECTURA

UN EXTRAÑO NECESARIAMENTE MOLESTO

K., que ha sido convocado por error, no es bienvenido en el pueblo:

- desde su llegada, un tal Schwarzer le ordena que abandone aquellos territorios porque con toda probabilidad no tendrá autorización para quedarse: la administración lo rechaza, Klamm se niega a verlo y nunca tendrá acceso al castillo;
- según el maestro, el castillo tiene tan poca necesidad de un agrimensor como el colegio de un conserje;
- Gardena le explica que, por su condición de extranjero, será como si no existiera, alguien innecesario, molesto, un estorbo en el camino;
- al final, las únicas personas dispuestas a acogerle pertenecen a lo más bajo de la escala social (la familia Barnabas, Pepi y las limpiadoras).

K. aparece, por tanto, como un apátrida en busca del hogar, une especie de «judío errante» del que desconfía todo el mundo: «¿Qué podría atraerme en esta tierra, salvo el deseo el deseo de quedarme?» se pregunta (Kafka 1999, cap. 12). Esta paradoja parece confirmar que K. no llegó al pueblo simplemente para encontrar un sitio donde quedarse. Desde el principio sabe que deberá luchar para alcanzar sus objetivos, hasta tal punto que parece ser él el que busca la batalla expresamente. Cuando Schwarzer recibe la llamada que prohíbe despedir a K., este piensa que se debe a que el castillo sabe algo de él y «había aceptado la lucha sonriendo» (Kafka 1999, cap. 1).

Sin embargo, su propósito final no es su único objetivo: a K. le gusta ser pertinaz, inteligente y desestabilizar al adversario que considera superior a él. La anécdota de su infancia, cuando escalaba un muro muy alto sólo para saborear la victoria, es bastante reveladora (Kafka 1999, cap. 2). Con frecuencia muestra que está dispuesto a saltarse la jerarquía y no duda en considerar la ignorancia como una ventaja, ya que el ignorante se lanza más al vacío y está dispuesto a aceptar las consecuencias «mientras [le] alcancen las fuerzas» (Kafka 1999, cap. 4).

De este modo, K. intenta hacerse valer frente al castillo como si el sentido de su vida dependiera de ello. Para su desgracia, nada permite afirmar que a su vez este le considere un enemigo. Schwarzer aborda a K. sólo de una manera protocolaria y la conocida sensibilidad de Klamm hacia los extranjeros se conjuga con un temperamento soñador que puede verse también como una indolencia, una desconexión con las realidades bajas, que refleja una organización impersonal que no quiere nada de K., que lo abandona de manera indiferente a la confusión.

INCERTIDUMBRES Y CAMBIOS

No hay nada fijo en *El castillo*: nada es definitivo o verdadero de Barnabas, que K. encuentra frustrado y poco interesante, a Jeremias, que parece una persona completamente diferente tan pronto como deja de trabajar y que Arturo se marcha. Todo cambia y sólo hay apariencias aparentemente engañosas.

Y sólo aparentemente, ya que una de las particularidades de Kafka en cuanto al mundo confuso y contradictorio que crea – ya sea, en el caso del *Castillo*, por medio de los desconcertantes procedimientos administrativos o por el aspecto cambiante de las personas, hechos y nociones, según la perspectiva que se tome– es dejar abierta la posibilidad de una explicación racional (por ejemplo, los rumores, quizá excesivos, son con frecuencia la causa), sin que ello impida el desarrollo del misterio.

Muchos de estos cambios atañen al castillo y/o a la administración (por ejemplo, el hogar de los Barnabas desagrada a K. porque le resulta miserable y muy alejado del castillo). Por otro lado, parece que cuanto más se acerca el protagonista, menos clara se vuelve la situación. De este modo, la noción oficial según la cual «Entre los aldeanos y el castillo no hay ninguna diferencia» (Kafka 1999, cap. 1) parece que se contradice por la inmensa influencia y el aspecto inalcanzable de los señores del castillo, elementos que, a su vez, parecen contradecirse por el minúsculo tamaño de las habitaciones de los secretarios.

Encontramos otros ejemplos en:

- Frieda: K. tiene la impresión de que, lejos de Klamm, «ella se marchitaba en sus brazos» (Kafka 1999, cap. 13) y, más tarde, Pepi le confirma que lo que le hace feliz a Frieda es ser la amante de Klamm;
- Klamm: según Olga, aunque conozcamos la apariencia de Klamm, esta cambia al llegar y al salir del pueblo, es

diferente cuando duerme y cuando se despierta, y, sobre todo, «casi completamente diferente» (Kafka 1999, cap. 15) en el castillo. Este retrato, resultado de múltiples testimonios, se añaden al carácter confuso del personaje;

* el mismo castillo: a primera vista es un vasto conjunto de edificios, a veces de dos plantas, con una única torre. Aunque inicialmente cumple sus expectativas, K. queda decepcionado rápidamente: el castillo se muestra como una ciudad pequeña compuesta de casas de pueblo, y en la torre, cubierta de hiedra, hay una casa.

El aspecto incomprensible en todo lo referente al castillo parece apuntar hacia una interpretación en la que la condición humana se vuelve algo bastante misterioso, y aquello que perseguimos está siempre fuera de nuestro alcance.

¿UNA NOVELA ALEGÓRICA?

En la primera publicación del Castillo, Max Brod (escritor israelí de origen checo, 1884-1968), un viejo amigo de Kafka, indicó en el epílogo que el relato era, sin lugar a dudas, alegórico e influyó de este modo en la recepción de la obra. Según Brod, que inspiró múltiples interpretaciones religiosas, el castillo representa la gracia divina, objeto de todos los esfuerzos de K. Para otros, el castillo recuerda al Estado, que rige la vida de los individuos de manera impersonal por medio de una burocracia impenetrable.

Según el investigador Michael Müller, el castillo sería ni más ni menos que lo se sabe de él: «Un aparato burocrático laberíntico, inerte [...] que en el fondo no sería ni siquiera una "instancia"». (Müller 2008, 518-529).

Según su interpretación (ya un poco biográfica – y en cierto modo alegórica, ya que Kafka habría utilizado la trayectoria de K. para presentar su vida tal y como él la concebía), K. se parece a Kafka porque para poder definirse a sí mismo y llegar a sus objetivos, lo primero que tiene hacer es construirse una instancia opuesta (él considera el castillo como un enemigo al que debe vencer), al igual que Kafka, que para poder escribir, necesitaba a un padre tiránico, Hermann. K. adopta un procedimiento creativo, casi artístico, y al mismo tiempo desesperado (debido a la incertidumbre del ambiente que pone trabas a su camino).

No obstante, el texto kafkiano no puede terminar de explicarse (o no se pueden agotar sus significados) tan fácilmente. Aunque una lectura estricta de lo que relata *El castillo* sea una posición justificable, al final acaba simplificando el mensaje al igual que una interpretación alegórica. El texto deja abiertas todas las posibilidades, superando probablemente la intención del autor.

PISTAS PARA LA REFLEXIÓN

ALGUNAS PREGUNTAS PARA PROFUNDIZAR EN SU REFLEXIÓN...

- ¿Qué significa en su opinión que para el secretario Bürgel, un demandante como K. parezca «inaccesible» (Kafka 1999, cap. 18)?
- Compare a K. con Meursault, héroe de la novela *El extranjero* de Albert Camus (escritor francés, 1913-1960).
- ¿Qué le evoca el hecho de que Frieda pierda su belleza lejos de Klamm?
- Compare las burocracias representadas en *El castillo* y *El proceso* (1925), segunda novela inacabada de Kafka.
- Dé ejemplos de momentos en que K. parezca tener conciencia de la insignificancia de sus esfuerzos y/o de sus objetivos. ¿Qué significado tienen para usted?
- ¿Cómo interpretaría usted la sensibilidad legendaria de los empleados del castillo?
- Ponga ejemplos de los momentos en que la burocracia parezca indiferente, y otros en que parezca subordinar a la gente bajo su poder.

¡Su opinión nos interesa!
¡Deje un comentario en la página web de su librería en línea,
y comparta sus favoritos en las redes sociales!

PARA IR MÁS ALLÁ

EDICIÓN DE REFERENCIA

- Kafka, Frank. 1999. *El castillo*. Traducido por Miguel Sáenz. Barcelona: Galaxia Gutenberg, colección *Obras completas*.
- Kafka, Frank. 2008. *Das Schloß*. Fráncfort del Meno: Suhrkamp.

ESTUDIOS DE REFERENCIA

- Camus Albert. "L'espoir et l'absurde dans l'oeuvre de Franz Kafka". *Le Mythe de Sisyphe*. París: Gallimard, colección *Folio/Essais*.
- Müller M. 2008. "Das Schloß". En *Kafka-Handbuch. Leben – Werk – Wirkung*. De von Jagow, Bettina y Olivier Jahraus. Gotinga: Vadenhoeck & Ruprecht.

EN RESUMENEXPRESS.COM

- Guía de lectura de *La metamorfosis* de Franz Kafka.
- Guía de lectura de *El Proceso* de Franz Kafka.
- Guía de lectura de *Carta al padre* de Franz Kafka.

ResumenExpress.com

Muchas más guías para descubrir tu pasión por la literatura

www.resumenexpress.com